Johann Caspar Bluntschli

Deutsche Naturalisation einer separirten Französin

und Wirkungen der Naturalisation

Johann Caspar Bluntschli

Deutsche Naturalisation einer separirten Französin
und Wirkungen der Naturalisation

ISBN/EAN: 9783743464315

Hergestellt in Europa, USA, Kanada, Australien, Japan

Cover: Foto ©ninafisch / pixelio.de

Manufactured and distributed by brebook publishing software
(www.brebook.com)

Johann Caspar Bluntschli

Deutsche Naturalisation einer separirten Französin

Deutsche Naturalisation

einer

separirten Französin

und

Wirkungen der Naturalisation.

Beleuchtung einer Frage

des

internationalen Rechts

bei Gelegenheit des Streites zwischen dem Prinzen von Bauffremont
und der Fürstin Bibesco

von

Dr. Bluntschli. Geheimerath,

Professor des öffentlichen Rechts in Heidelberg, Präsident des internationalen
Institutes für Völkerrecht.

Heidelberg.

Verlagsbuchhandlung von Fr. Bassermann.

1876.

1. Einleitung.

Die Streitfrage, welche zur Zeit vor den französischen Gerichten verhandelt wird, über die Eheschliessung der Frau Henriette Valentine de Réquet, Gräfin von Caraman-Chimay, in erster Ehe Prinzessin von Bauffremont, mit dem Prinzen Bibesco nimmt auch, wenn man von ihrer moralischen und persönlichen Bedeutung absieht, mit Rücksicht auf ihre juristische Beurtheilung das allgemeine Interesse in ungewöhnlichem Grade in Anspruch. Die Frage ist in privatrechtlicher, staatsrechtlicher und völkerrechtlicher Beziehung ebenso wichtig als ihre Beantwortung schwierig. Dieselbe ist in zwei sorgfältig gearbeiteten Gutachten französischer Juristen in sehr verschiedenem Sinne beleuchtet und beantwortet worden. Das Gutachten des Professors Labbé ist für die Fürstin ungünstig, das des Professors von Folleville günstig ausgefallen.

In beiden Gutachten ist vorzüglich die *privatrechtliche* Seite der Frage besprochen worden.

Ich betrachte es als die Hauptaufgabe meines Gutachtens, vorzugsweise die *staatsrechtliche* und die *völkerrechtliche* Seite der Frage zu untersuchen und aufzuklären.

Die thatsächliche Grundlage des Streites ist folgende:

1. Die Gräfin von Caraman-Chimay ist die Tochter belgischer Eltern. Sie war durch ihre Geburt ursprüng-

1*

lich Belgierin. Dabei verdient es Beachtung, dass das belgische Gesetz, das im übrigen sich an den französischen Code civil anschliesst, ebenso wie dieser vor dem Jahr 1816 die Ehescheidung zulässt und den geschiedenen Ehegatten die Wiederverheirathung gestattet.

2. Durch ihre Ehe mit dem Fürsten von Bauffremont, einem französischen Officier, erwarb sie die französische Nationalität und verlor ihre frühere belgische Staatsangehörigkeit. Die französische Gesetzgebung seit dem Jahr 1816 gestattet die Ehescheidung nicht mehr. sondern lässt nur eine dauernde gerichtliche Trennung der Ehegatten (séparation de corps) zu und verbietet die Wiederverheirathung der getrennten Ehegatten bei Lebzeiten je des andern Theils.

3. Die unglückliche Ehe der Fürstin von Bauffremont wurde nach einem langwierigen Prozesse mit Rücksicht auf den ausschweifenden, die ehelichen Pflichten schwer verletzenden Lebenswandel des Prinzen durch Urtheil des Tribunal de la Seine vom 7. April, bestätigt am 1. August, 1874 getrennt. Die Kinder aus dieser ersten Ehe wurden zur Erziehung der Mutter zugesprochen. deren persönlicher Ruf durchaus untadelhaft war und die von der allgemeinen Achtung geehrt wurde.

4. Die Fürstin änderte nun ihr Domicil. Sie wanderte aus Frankreich nach Deutschland aus. Sie begehrte und erhielt am 3. Mai 1875 in dem deutschen Herzogthum Sachsen-Altenburg die Naturalisation als Deutsche.

5. Nach deutschem Rechte ist die Ehescheidung zulässig und durch einige deutsche Landesrechte wird ausdrücklich auch für Katholiken bestimmt, dass sie als geschiedne Ehegatten betrachtet werden, auch wenn nur die dauernde Trennung (séparation de corps) gerichtlich ausgesprochen ist.

Unter dem Schutze dieser Rechtsgrundsätze ging die Gräfin, als naturalisirte Deutsche, unterm 24. October 1875 in Berlin vor dem Civilstandesbeamten eine zweite Ehe ein mit dem Fürsten Bibesco aus Rumänien. Daraus ergeben sich folgende Fragen:

1. Ist die . Naturalisation der Gräfin Caraman-Chimay gültig?
2. Ist ihre zweite Ehe rechtsgültig?

Die Beantwortung der ersten Frage ist massgebend für die Antwort auf die zweite Frage. Es ist daher zweckmässig, vorerst jene Frage zu prüfen.

2. Rechtlicher Charakter der Naturalisation.

Die Naturalisation einer fremden Person hat ohne Zweifel *privatrechtliche Wirkungen* für den Status dieser Person. Aber das Wesen der Naturalisation ist nicht ein privatrechtlicher, sondern ein *staatsrechtlicher Act* . Die Naturalisation wird von dem *Staate* gewährt. Sie ist die Aufnahme einer fremden Person in die *Staatsgenossenschaft,* die *Staatsangehörigkeit* des *naturalisirenden Staates.* Es steht jedem Staate das Recht zu, sowohl die allgemeinen Bedingungen festzusetzen, unter denen er Ausländern seine Staatsangehörigkeit verleiht, als dieselbe im einzelnen Falle zu gewähren oder zu versagen.

Desshalb sind auch die *Behörden des naturalisirenden Staates allein competent,* über die Gültigkeit einer Naturalisation, welche dieser Staat kraft seiner Souveränetät gewährt, zu entscheiden.

Der Staat, welchem bisher der Naturalisirte angehört hat, ist nicht berechtigt, den naturalisirenden Staat an diesem souveränen Staatsacte zu behindern oder sich darüber zu beschweren. Jeder naturalisirende Staat handelt in eigener Sache (rem suam agit), indem er

Ausländer, welche auswandern, in seine Staatsgenossenschaft aufnimmt.

Ebenso muss aber auch der entgegengesetzte Grundsatz anerkannt werden, dass jeder Staat berechtigt ist, die Bedingungen festzusetzen, unter denen seine Staatsangehörigkeit *verloren* wird und im einzelnen Fall die *Entlassung* aus seinem Staatsverbande zu gestatten oder zu versagen. Darüber zu urtheilen, sind ausschliesslich die *Behörden des entlassenden Staates competent*, und nicht die Gerichte des naturalisirenden Staates.

So handelt jeder Staat mit voller souveräner Macht je innerhalb seines Bereiches.

Allerdings können auch dann, wenn diese verschiedenen Bereiche der Competenz sorgfältig auseinander gehalten werden, Conflicte zwischen zwei Rechten entstehen.

Es ist möglich, dass der Staat A einen Angehörigen des Staates B durch seine Naturalisation in seinen Staatsverband aufnimmt, während der Staat B denselben nicht entlässt und daher, trotz der Naturalisation in dem Staate A, noch als seinen — des Staates B — Angehörigen betrachtet.

Es ist ausserdem möglich, dass der Staat C einen bisherigen Staatsangehörigen seiner Staatsangehörigkeit verlustig erklärt und aus seinem Staatsverbande ausschliesst, während der Staat D, in welchem derselbe um die Naturalisation sich bewirbt, diese verweigert, und auch kein anderer Staat denselben aufnimmt.

Solche Conflicte sind immer nachtheilig sowohl für die betreffenden Privatpersonen, deren Statusverhältniss zweifelhaft und bestritten wird, als für die beiden Staaten, die leicht darüber miteinander in einen schwer auszugleichenden Streit gerathen. Jeder Staat hat ein Recht und die Pflicht, seine Staatsangehörigen zu schützen.

Wenn auch dieser Schutz sich zunächst nur innerhalb des Staatsgebietes geltend macht, so gibt es doch Fälle, in denen der Staat veranlasst wird, sich seiner Staatsangehörigen auch im Auslande anzunehmen.

Das *französische* Recht sucht diesen lästigen und nachtheiligen Conflictsfällen dadurch vorzubeugen, dass es den Grundsatz ausspricht: „La qualité de Français se perdra par la naturalisation acquise en pays étranger" (Code civil Art. 17). Die französische Staatsangehörigkeit erlischt von Rechts wegen, sobald ein *Franzose* oder eine *Französin* in einem *nichtfranzösischen Staate die Naturalisation erworben hat.* Einer Entlassung aus dem französischen Staatsverband bedarf es nicht. Die *Auswanderungsfreiheit* der Franzosen ist somit rückhaltslos und vollständig anerkannt. Das französische Recht nöthigt Niemanden gegen seinen Willen Franzose zu bleiben. Wenn der Franzose in irgend einem andern Staate aufgenommen wird, so hat er aufgehört, Franzose zu sein. Das französische Recht weiss nichts und will nichts wissen von einer doppelten Staatsangehörigkeit. Entweder ist ein Individuum Franzose und nur Franzose, oder er ist ein Fremder. Es kann nach französischer Auffassung Niemand zugleich Franzose und Deutscher, Franzose und Engländer sein u. s. f. Wenn Jemand Deutscher oder Engländer u. s. f. geworden ist, so ist er nicht mehr Franzose.

Das *deutsche* Recht verwirft nicht ebenso entschieden die doppelte Nationalität und folgert nicht sofort aus der Naturalisation eines Deutschen in einem nichtdeutschen Staate den Untergang der deutschen Staatsangehörigkeit. Es weicht dem möglichen Conflicte nicht sofort aus, sondern bedroht erst eine längere Abwesenheit eines Deutschen in einem fremden Lande, das ihn als Staatsangehörigen aufgenommen (naturalisirt) hat,

Beide wenden sich mit ihren Beschwerden nicht an
die allein competenten deutschen Behörden, sondern an
die französischen Gerichte, welche wohl competent sind,
über den *Verlust* der *französischen* Staatsangehörigkeit
der Fürstin zu urtheilen, nicht aber über die *Erwerbung*
der *deutschen* Staatsangehörigkeit.

Die Stellung der beiden Kläger ist freilich eine
sehr verschiedene. Der frühere Ehemann Prinz von
Bauffremont hat offenbar kein ernstes und berechtigtes
Interesse daran, der Auswanderung seiner separirten
Frau entgegen zu treten. Die überaus unwahrscheinliche
Möglichkeit einer zukünftigen Aussöhnung und Wieder-
vereinigung mit seiner separirten Frau kann, wenn man
das Leben des Ehemannes während seiner Ehe erwägt,
kaum ernsthaft in Erwägung genommen werden, und
hat in Vergleichung mit dem ungleich wichtigeren und
unmittelbar wirksamen Rechte und Interesse der Frau,
ihr Leben nach der endlich erstrittenen Trennung einer
durch die Verschuldung des Mannes unglücklichen Ehe
in einem andern Lande, das sie nicht an ihr Unglück
beständig erinnert, besser und glücklicher einzurichten,
keine Bedeutung.

Durch die Trennung hat die Fürstin ihre persönliche Freiheit dem Fürsten gegenüber wieder erlangt,
und es hat seine Macht über ihre Person in Folge der
Trennung aufgehört. Wenn Prinz Bauffremont trotzdem
seine Frau verhindern will, fern von ihm und glücklicher
zu leben, seinen Namen definitiv abzulegen, einen neuen
Wohnort und eine neue Nationalität zu suchen und
selbst eine zweite Ehe einzugehen, so kann der wahre
Beweggrund dieser unedlen Verfolgung nicht das Interesse des Ehemannes an seiner früheren Ehegemeinschaft, sondern lediglich die Rache dafür sein, dass jener

Separationsprozess für die Ehre und die Sache des
Fürsten sehr ungünstig verlaufen ist.

Würde er es wagen, vor einem deutschen Gerichte
seine Rache gegen eine Frau zu verfolgen, die er durch
seine actenmässig erwiesene Verschuldung unglücklich
gemacht hat, so würde er schwerlich ein geneigtes Gehör
finden.

Anders verhält es sich mit der Anfechtung des
französischen Staatsanwalts. Diese wird keineswegs
durch unlautere Motive, sondern aus dem juristischen
Interesse erklärt, die Wirksamkeit der französischen
Gesetzgebung über Ehetrennung in möglichst weitem
Umfange zu vertreten.

Das französische Recht wird nach der Ansicht des
Staatsanwalts in zwei Beziehungen missachtet:

a) dadurch, dass eine separirte Französin ohne die
   Zustimmung des Ehemanns oder des Gerichts
   eine fremde Nationalität (Staatsangehörigkeit)
   zu erwerben suche;

b) dadurch, dass diese Naturalisation in der Absicht vorgenommen wurde, eine zweite, von dem
   französichen Gesetz den separirten Ehegatten
   untersagte Eheschliessung zu ermöglichen.

Wir verstehen, dass ein von der Vortrefflichkeit
der *nationalen* Landesgesetzgebung überzeugter und
durchdrungener Jurist vorerst Anstoss an einer Hand-
lungsweise nimmt, welche ihm im Widerspruch mit
diesen Gesetzen zu sein scheint. Wenn man sich aber.
wie es bei dem Conflicte verschiedener Gesetzgebungen
verschiedener Völker nicht anders geht, auf den höheren
und freieren Standpunkt des *internationalen* Rechts er-
hebt, so ermässigt sich jener Eifer für das eigene Recht
sofort durch die unabweisbare Rücksicht auf fremde
Rechte. Dann wird man sich überzeugen, dass die

verschiedenen Völker gute Gründe haben für eine verschiedene Rechtsbildung. Dann wird man es auch natürlich finden, dass einzelne Individuen ihre Nationalität aus persönlichen Gründen ändern und mit der neu gewählten und erworbenen Staatsangehörigkeit auch ein neues Recht gewinnen, welches ihren Bedürfnissen je nach Umständen besser entspricht, als das frühere ihnen auferlegte Recht des Landes, das sie verlassen. Man wird dann die engbeschränkte Vorstellung aufgeben, als habe jeder Staat ein fortdauerndes und dringendes Interesse, seine Staatsangehörigen in der Unterthänigkeit unter seine Gesetze festzuhalten. Man wird die Menschen nicht als blosse Objecte ansehen, an denen der Staat seine legislatorischen Grundsätze unter allen Umständen bewähren und erproben müsse. Man wird die verschiedenen Rechte billiger beurtheilen lernen. Man wird schliesslich die persönliche Freiheit der Individuen besser erkennen und wirksamer schützen.

Der Hauptgegensatz des französischen und des preussischen, beziehungsweise des deutschen Rechts bezieht sich weniger auf die Naturalisation als auf die Ehescheidung. Sachlich ist das auch in der gegenwärtigen Streitfrage die Hauptdifferenz, wenngleich die formelle Entscheidung vornehmlich von der Naturalisation bedingt und bestimmt wird.

Desshalb wird es am Platze sein, vorerst jenen Gegensatz zu bezeichnen.

4. Verschiedene Grundsätze über Ehescheidung und Wiederverheirathung.

In der ganzen christlichen Welt stehen sich über die Ehescheidung und über das Recht getrennter Ehegatten, sich bei Lebzeiten des andern früheren Ehegenossen wieder zu verheirathen unter verschie-

denen Modificationen im Einzelnem zwei Hauptsysteme
entgegen.

Die eine Meinung hält die *ideale* Bedeutung der
Ehe, als einer Verbindung von Mann und Frau für
das ganze Leben auch in dem bürgerlichen Eherechte
dermassen fest, dass sie eine *Scheidung* der Ehe überall
nicht gestattet, sondern nur eine persönliche *Trennung*
der beiden Ehegatten aus zureichenden Gründen gewährt, ohne das Eheband selber zu lösen. Diese
Meinung untersagt auch den getrennten Ehegatten die
Eingehung einer anderen Ehe, so lange der frühere
Ehegenosse lebt.

Dieses System stützt sich auf die Lehre der
römisch-katholischen Kirche von dem unauflöslichén
Sacrament der Ehe. Es ist während des *Mittelalters*
und vornehmlich durch die *kirchliche* Gesetzgebung das
herrschende geworden. Um desswillen wird dieses
System gewöhnlich als das *katholische* bezeichnet.

Es betont vorzugsweise die *Heiligkeit* der Ehe
und sucht die *Autorität* und *Unauflöslichkeit* der In-
stitution auch in denjenigen Fällen als eine bindende
und zwingende aufrecht zu halten, in denen zugestanden
wird, dass das Zusammenleben der Ehegatten und die
wirkliche Ausübung der Ehegemeinschaft unmöglich
und unerträglich geworden sei. Für solche Fälle gestattet es die *persönliche Trennung* der Ehegatten, nicht
ihre Scheidung.

Die andere Meinung verkennt nicht, dass das
Ideal der Ehe ein Verband von Mann und Frau für
das Leben sei, aber sie nimmt Rücksicht auf die
Mängel und Leiden des *realen* Lebens, welches jenem
Ideal nicht immer entspricht. Desshalb gestattet sie
aus zureichenden Gründen, wenn es offenbar geworden
ist, dass eine einzelne concrete Ehe durch Ehebruch

oder andere ernste Ursachen zerrüttet und die eheliche
Gesinnung zerstört worden ist, die volle *Scheidung*
einer solchen unglücklichen Ehe. Sie löst auch das
rechtliche Eheband, dessen Wirksamkeit erloschen ist
und erlaubt den geschiedenen Ehegatten die Wiederverheirathung und daher die Gründung einer neuen,
ihren persönlichen Bedürfnissen besser zusagenden
Familie.

Diese zweite Meinung ist der *persönlichen Freiheit*
der Individuen günstiger und beachtet eher die *realen*
Lebensbedürfnisse. Sie betrachtet die dauernde Trennung
zu Tisch und Bett (séparation de corps) mit Beibehal-
tung des idealen Ehebandes als eine ungenügende
Massregel und verwirft den Zwang, welcher die getrennten Ehegatten nöthigt, sich noch als Ehegatten
anzusehen, während die wirkliche Gemeinschaft des
ehelichen Zusammenlebens doch thatsächlich nicht mehr
besteht. Sie macht den geschiedenen Ehegatten möglich, ein sittlich und rechtlich untadelhaftes neues Eheband zu schliessen, wie es ihrer Persönlichkeit zusagt.

Man bezeichnet diese zweite Meinung oft als die
protestantische, aber mit Unrecht. Allerdings ist dieselbe in Westeuropa erst seit der Kirchlichen Reform
des sechszehnten Jahrhunderts und vorerst in protestantischen Ländern in die neuere Gesetzgebung aufgenommen worden. Aber die Hauptgründe, auf welche
sie sich stützt, sind nicht confessionelle, nicht dogma-
tische, nicht religiöse sondern Gründe des natürlichen
Menschenrechts. Sie lässt sich nicht durch die Autorität
einer Kirche bestimmen und unterscheidet schärfer
zwischen dem Gebiete des *bürgerlichen Zwangsrechts*
und dem Bereiche religiöser oder kirchlicher Vorschriften oder Ueberlieferungen. Sie ist daher auch
in katholischen Ländern und für Katholiken anwend-

bar. Sie ist wesentlich eine *weltliche* und *bürgerliche* Rechtsordnung. Sie entspricht daher der *modernen* von kirchlichen Einflüssen unabhängig gewordenen *staatlichen* Rechtsbildung.

So lange dieser Gegensatz der Rechte unter den civilisirten Völkern in Europa und Amerika fortbesteht, kann das Völkerrecht unmöglich sich ausschliesslich für die eine Meinung erklären und die andere als unsittlich und widerrechtlich verwerfen. Von dem unbefangenen internationalen Standpunkte aus sind *beide* Meinungen und *beide* Rechtsordnungen, jede an ihrem Orte zu achten.

Jedes der beiden Systeme hat eine weite Verbreitung und jedes von beiden kann gewichtige, seien es geschichtliche seien es rationelle Gründe für sich anführen. Deshalb kann es auch einer einzelnen Person nicht zu einem moralischen Vorwurfe gereichen, wenn sie dem in ihrem Lande geltenden Rechtssysteme das eines anderen Landes vorzieht und die von dem internationalen Rechtsverkehr eröffneten Wege einschlägt, um sich dem als drückend und hemmend empfundenen Rechtssystem zu entziehen und in einem anderen Lande unter dem Schutze eines andern nach ihrer Ueberzeugung besseren Rechts die Freiheit zu erringen, deren sie für ihr Leben bedarf.

Das heutige Völkerrecht erkennt das Recht eines Jeden an, wenn er aus irgend welchen Gründen in der bisherigen Staatsangehörigkeit seine Befriedigung nicht findet. eine andere Staatsangehörigkeit zu suchen, in der er sein Wohlbefinden besser zu fördern hofft. Es ist des Staates nicht würdig und der Staat hat auch kein Interesse ihn wider Willen zurück zu halten. Er lässt die Auswanderung frei. Aus demselben Grunde ziemt es auch dem Staate nicht, sich darüber als über eine Verletzung der Loyalität und Pietät zu beschweren, wenn ein Angehöriger es vorzieht, das Land zu verlassen, als länger durch eine Gesetzgebung gebunden zu bleiben, die ihm für seine Verhältnisse nicht gefällt. Der Staat fordert von allen seinen Staatsangehörigen, dass sie seine Gesetze auch über die Ehe beachten, aber nur *so lange sie seine Staatsangehörigen sind.* Wenn sie aufhören seine Staatsangehörigen zu sein, wenn sie für ihn Fremde geworden sind, so hört für dieselben auch die Pflicht auf, nach jenen Gesetzen zu leben.

Die Freiheit der Auswanderung und damit die Freiheit, wie die Staatsangehörigkeit so das persönliche Recht zu ändern, ist ein Hauptgrundsatz des heutigen Völkerrechts. Sowohl die deutsche als die französische Gesetzgebung erkennt dieselbe schon lange an. Man wird daher in jedem Zweifelsfall mit Recht zu Gunsten dieser persönlichen Freiheit entscheiden. und nicht dieselbe unnöthig beschränken dürfen. Nur dann bleibt die Rechtspflege in Harmonie mit der allgemeinen Rechtsentwicklung und den Bedürfnissen des modernen beweglicher gewordenen Verkehrslebens.

Auf diese Freiheit haben Männer und Frauen wesentlich denselben Anspruch. Es kommt nur der Unterschied der beiden Geschlechter in Betracht, dass die Männer, deren Leben in höherem Grade auf den Staat Bezug hat, welche daher zugleich Staatsbürger sind und einen Antheil an den politischen Rechten haben, näher und unmittelbarer mit dem Staat verbunden sind, als die Frauen, denen die Theilnahme an dem Staatsleben versagt ist und welche mehr mittelbar durch die Familienbeziehung dem Staate angehören. Für die Frau hat daher die Staatsangehörigkeit einen geringeren Werth als für den Mann. Die Frau ist durch ihre Natur und ihren Lebensberuf mehr auf die

Familie als auf den Staat angewiesen. Sie findet eher als Gattin und Mutter ihre Befriedigung, nicht als Staatsgenossin. Einer Frau zumuthen, dass sie den Staatsverband höher schätze als ihre Liebe und aus nationalem Patriotismus einem Rechte treu bleibe, welches ihrem Herzen als ungerecht und tyrannisch verhasst ist, das wäre thöricht.

Die meisten heutigen Rechte bestimmen daher unbedenklich, dass eine Frau, welche einen Ausländer heirathet, von Rechtes wegen ihre bisherige Nationalität (Staatsangehörigkeit) verliere und in die Nationalität ihres Ehemannes übergehe. Kein neueres Recht verbietet der · Frau einen Ausländer zu heirathen, trotz dieser Aenderung der Nationalität. Die Staatsangehörigkeit der Frau ist in allen diesen Fällen lediglich die Folge der Familienverbindung, welche die Frau durch ihren freien Entschluss eingeht.

Der Uebertritt aus einer Staatsangehörigkeit in eine andere, welche auch nach französischem Rechte unzweifelhaft dem separirten französischen Ehemanne auch in dem Falle offen steht, wenn er auf diesem Wege die Freiheit der Wiederverheirathung zu erwerben sucht, die ihm das französische Recht nicht gewährt, muss daher zu demselben Zwecke wenn man die Ver- hältnisse natürlich betrachtet, noch eher einer Frau zu- stehen, für welche der französische Staatsverband und das französiche Recht einen geringeren Werth haben als für den Mann, und welche jenes Hemmniss · noch schwerer empfindet.

Zwischen dem französischen und dem deutschen, vorzugsweise dem preussischen Recht besteht nun mit Bezug auf die Trennung oder Scheidung der Ehe ein entschiedener Gegensatz.

Das *französische* Recht, welches vor der Revolution

der Lehre der katholischen Kirche gefolgt war und
nur die Trennung, nicht die Scheidung der Ehe zu-
gelassen hatte, war zur Zeit der Revolution durch das
Gesetz vom 20. Sept. 1792 zu der modernen freieren
Ansicht übergegangen und hatte damals an die Stelle
der Trennung die Scheidung der Ehe gesetzt. Der
Code civil von 1806 versuchte das ältere und das
neuere System mit einander dadurch zu versöhnen,
dass er beide Lösungen neben einander anerkannte
und gewisser Massen den Ehegatten die Wahl zwischen
beiden liess. Dann kam zur Zeit der Restauration das
heute noch geltende Gesetz vom 8. Mai 1816, welches
die ältere katholische Auffassung wieder herstellte, die
Scheidung gänzlich verbot, und selbst die dauernde
Trennung der Ehe in ihrer Anwendung erschwerte
und in ihren Wirkungen beschränkte. Während sonst
die französische Gesetzgebung in vielen Beziehungen
dem Fortschritte der Rechtsbildung Vorschub leistete
und anderen Rechten zum Vorbilde diente, so hat sie
in dieser Hinsicht im Jahr 1816 offenbar eine rück-
schrittliche Richtung eingeschlagen, und wird hier
keineswegs von anderen Völkern als ein Mustergesetz
angesehen.

Sehr entschieden bewegt sich ·die *deutsche* und
voraus die *preussische* Gesetzgebung in der modernen,
der bürgerlichen Auffassung des Eherechts; gestattet
die Scheidung der Ehe und schützt die Freiheit der
Wiederverheirathung. Am energischsten ist das *preussische*
Landrecht auf diesem Wege voran gegangen, indem
es II. I. §. 734 die Regel ausspricht, dass die gerichtlich erklärte immerwährende Trennung von katholischen
Ehegatten alle Wirkungen einer wirklichen Scheidung
habe und daher die so separirten Ehegatten berechtigt
seien, eine zweite Ehe einzugehen.

Die Vermuthung des Professors *Labbé*, dass das
preussische Landrecht nur von solchen Ehen von Katholiken gelte, welche in Preussen statt geschieden, bloss
getrennt werden, ist nicht richtig. Das Gesetz betrachtet überhaupt, so weit die preussische Rechtspflege nach preussischem Rechte zu urtheilen berufen
ist, die immerwährende Trennung von Ehegatten zu
Gunsten der Freiheit der früheren Ehegatten als Scheidung und schützt dieselben in ihrem Rechte der Wiederverheirathung.

Die Cabinetsorde vom 17. Aug. 1815, welche bestimmt, dass evangelische Ehegatten, welche in einem
Lande, das die Ehescheidung nicht gestattet, die immer-
während Trennung erlangt haben, wenn sie in Preussen
wohnen, ebenfalls als geschiedene Ehegatten betrachtet
werden sollen, ist nicht wie Professor v. Foleville ver-
muthet, im Widerspruch mit dem obigen Landrechts-
satze, sondern wie die Einleitung der Cabinetsorde
ausdrücklich sagt, eine „*Erweiterung*" desselben. Der
Landrechtssatz sprach nur von getrennten *Katholiken*,
nicht auch von getrennten *Protestanten*. Es erklärt
sich das daraus, dass in den protestantischen Ländern
meistens die volle Scheidung eingeführt und eine immer-
während Trennung von Tisch und Bett gar nicht bekannt ist. Für Protestanten schien dem Gesetzgeber des
preussischen Landrechts eine vorsorgliche Bestimmung,
welche ihre Freiheit der Wiederverheirathung schützte,
ganz unnöthig. Nun zeigten sich aber Fälle, wo Protestanten in einem fremden Lande in eine ähnliche
Lage kamen, wie Katholiken, indem sie dort keine
Scheidung wohl aber eine immerwährende Trennung
erwirken konnten. Sollten solche protestantische Ehegatten sich auch auf den Grundsatz des preussischen
Landrechts, der nur von katholischen Ehegatten sprach,

berufen dürfen? Die Cabinetsordre bejaht diese Frage
unter der Voraussetzung, dass sie in Preussen wohnen.
Manche andere deutsche Gesetzgebungen gehen
nicht ganz so weit, wie das preussische Landrecht. Es
lassen sich noch zwei Modificationen unterscheiden.

1) Einzelne deutsche Rechte gestatten nicht ohne
weiters den separirten Ehegatten wieder zu heirathen,
gleich den geschiedenen Ehegatten, aber sie eröffnen
ihnen die Möglichkeit, vor Gericht vorerst die Trennung
in eine Scheidung umgestalten zu lassen, und gestatten
dann den so geschiedenen Ehegatten die Wiederverheirathung. Diese Rechte erreichen auf einem Umwege dasselbe Ziel, welches das preussische Landrecht
gleichsam im Sturme einnimmt. Von der Art ist das
deutsche Reichsgesetz für Elsass-Lothringen vom 27.
Nov. 1873, welches das französische Verbot der Ehescheidung vom 8. Mai 1816 aufhebt, und den früher
nach französischem Rechte bloss separirten Ehegatten
die volle Scheidung gestattet und damit auch die
Wiederverheirathung.

2) Am wenigsten der Freiheit der Ehegatten günstig
ist das Königlich Sächsische Gesetzbuch von 1863.
Aber auch dieses Gesetz erkennt an, in § 1767, dass
die Trennung von Tisch und Bett, welche auf Lebens-
zeit erkannt worden, *alle Wirkungen einer Scheidung*
der Ehe habe, ausgenommen dass kein Theil während
des Lebens des andern eine anderweite Ehe eingehen
könne.

Nach allen deutschen Rechten also gilt eine dauernd
separirte Ehefrau als völlig frei von dem Manne, gleich
einer geschiedenen Frau und daher berechtigt, ohne
seine Zustimmung sowohl ihren Wohnort selbstständig
zu wählen, als auch sich in einem anderen Staate
naturalisiren zu lassen.

2*

In den meisten deutschen Rechten ist es der separirten Frau möglich, sich wieder zu verheirathen, nach
den einen (Preussisches Landrecht, Sächsische Herzog-
thümer, Baden) ohne weitere Vorbedingung, nach den
andern (Reichsgesetz für Elsass-Lothringen) auf dem
Umwege, dass vorerst die Trennung gerichtlich in eine
Scheidung umgewandelt wird.

Das neueste seit dem 1. Januar 1876 für ganz
Deutschland geltende Reichsgesetz über die Eheschliessung vom 6. Februar 1875, hat das letztere
System auch für diejenigen deutschen Staaten welche
bisher die Wiederverheirathung separirter Katholiken
nicht gestatteten, zum herrschenden erhoben, nachdem
dasselbe vorher schon 1875 auch von Preussen ange-
nommen worden war. Es bestimmt nämlich der § 77
Folgendes: „Wenn nach dem bisherigen Rechte auf
beständige Trennung der Ehegatten von Tisch und Bett
zu erkennen sein würde, ist fortan die Auflössung des
Bandes der Ehe auszusprechen."

„Ist vor dem Tage, an welchem dieses Gesetz in
Kraft tritt, auf beständige Trennung von Tisch und
Bett erkannt worden, so kann, wenn eine Wiederver-
einigung der getrennten Ehegatten nicht stattgefunden
hat, jeder derselben auf Grund des ergangenen Urtheils die Auflössung des Bandes der Ehe im ordent-
lichen Processverfahren beantragen."

Das Gesetz, welches im Vergleich mit dem früheren
Rechte die verbotene Wiederverheirathung erlaubt, aber
die erlaubte Wiederverheirathung an die formelle Bedingung der gerichtlichen Scheidung knüpft, die der
separirte Ehegatte verlangen kann, ordnet das Verfahren
vor den deutschen Gerichten und weist dieselben an,
ihre Trennungsurtheile in Scheidungsurtheile umzuwan-
deln. Gegenüber ausländischen Gerichten hat dasselbe

keine Geltung und keine Autorität. Daher lässt sich vor auswärtigen Gerichten auch diese Umwandlung nicht durchsetzen. Um desswillen wirkt der Schutz des preussischen Landrechts zu Gunsten der persönlichen Freiheit eines separirten Ehegatten fort, der von einem ausländischen Gericht getrennt wurde, wenn derselbe in dem Rechtsgebiete des Landrechts wohnt. Die Hauptabsicht des neuen Gesetzes geht dahin, die Wiederverheirathung der getrennten Ehegatten zu gestatten. Es konnte daher nicht die Meinung sein, wo der eröffnete Weg nicht gangbar ist, die bisher anerkannten Rechte der im Ausland separirten Ehegatten, die in Deutschland wohnen, denselben zu entziehen.

5. Die Bedingungen der deutschen Naturalisation.

Die Naturalisation eines Ausländers in einem deutschen Staate ist, wie wir oben näher begründet haben, ein deutscher Staatsact. Es kann darüber nur von den deutschen Landes- und Reichsbehörden rechtsgültig entschieden werden. Es ist Sache der deutschen Gesetzgebung, ihre Bedingungen zu regeln.

Massgebend ist das deutsche Reichsgesetz, ursprünglich norddeutsches Bundesgesetz vom 1. Juni 1870. Der § 8, welcher von der Naturalisation der Ausländer handelt, lautet:

„Die Naturalisations-Urkunde darf Ausländern nur dann ertheilt werden, wenn sie

    1) nach den Gesetzen ihrer bisherigen Heimath dispositionsfähig sind, es sei denn, dass der Mangel der Dispositionsfähigkeit durch die Zustimmung des Vaters, des Vormundes oder Curators des Aufzunehmenden ergänzt wird,

2) einen unbescholtenen Lebenswandel geführt haben,

3) an dem Orte, wo sie sich niederlassen wollen, eine eigene Wohnung oder ein Unterkommen finden,

4) an diesem Orte nach den daselbst bestehenden Verhältnissen sich und ihre Angehörigen zu ernähren im Stande sind."

Als selbstverständlich wird dabei vorausgesetzt, dass über das Vorhandensein dieser Bedingungen lediglich die deutschen Behörden zu erkennen haben. Die Bedingungen 2) bis 4) waren unzweifelhaft bezüglich der Gräfin Caraman-Chimay vorhanden. Ein Zweifel wird auch nur bezüglich der ersten Bedingung, ihre Dispositionsfähigkeit, geäussert. Offenbar hat das Gesetz, welches ausdrücklich auf fremde Rechte Rücksicht nimmt, nur an Personen gedacht, deren Handlungsfähigkeit beschränkt ist und welche desshalb *unter Vormundschaft* stehen, je nach dem Rechte ihrer Heimath: Das beweist der Nebensatz, welcher von der Ergänzung dieses Mangels durch den „Vater, Vormund oder Curator" spricht. Der Ehefrauen wird dabei nicht gedacht. Dennoch nehme ich, allerdings in Abweichung von dem Gutachten des Professors von Folleville an, dass auch die Ehefrauen, welche nach dem Rechte ihrer Heimat unter der Vormundschaft oder unter der Familiengewalt ihres Mannes stehen, mit gemeint sind, darum, weil auch ihre Handlungsfähigkeit ganz allgemein wenn auch nicht um ihrer Person sondern nur um ihrer Ehe willen beschränkt ist und auch bei ihnen dieser Mangel durch die Zustimmung des Mannes als Vormundes oder Familienhauptes ergänzt wird. Die Analogie dieses Falls mit dem unzweifelhaften Falle von Minderjährigen liegt zu Tage.

Das gilt aber nur von Frauen die in *persönlicher Ehegemeinschaft mit ihrem Manne* leben, nicht aber von geschiedenen Frauen, über welche der frühere Mann keine Vormundschaft und keine persönliche Gewalt mehr hat, deren Handlungsfähigkeit im übrigen ausser Frage ist.

Alle diese Fälle haben ein *natürliches Recht* zur Grundlage, und haben in den verschiedenen Landesrechten nur eine verschiedene Ausbildung im Einzelnen erfahren. Desshalb kann hier unbedenklich auch auf *fremde Rechte* Rücksicht genommen werden.

Dagegen hat jene Bedingung meines Erachtens keinen Bezug auf andere Beschränkungen der Handlungsfähigkeit, welche in einzelnen fremden Ländern bestehen, aber dem in Deutschland geltenden Rechte persönlicher Freiheit widerstreiten, und welche keinen Grund in den natürlich-menschlichen Verhältnissen haben.

Derartige Beschränkungen sind:

1) die Unfähigkeit von Sclaven in sogenannten Sclavenstaaten über ihre Person zu verfügen;

2) die Unfähigkeit von Leibeigenen, die an die Scholle gebunden sind, einen anderen Wohnsitz zu nehmen und auszuwandern,

3) die Unfähigkeit von Mönchen, in manchen Staaten mit einer von der katholischen Kirche beeinflussten Gesetzgebung, ihre Klöster zu verlassen.

Solche Personen werden, wenn sie nach Deutschland kommen, und nach natürlichem Rechte handlungsfähig sind, unbedenklich als *freie Menschen* betrachtet und es steht ihrer Niederlassung in Deutschland und ihrer Naturalisation Nichts im Wege. Die Beispiele der Art, insbesondere der dritten Classe sind gar nicht selten. Das deutsche Recht schützt diese natür-

liche und menschliche Freiheit, auch zu Gunsten der
Ausländer in Deutschland, deren Heimatstaat diese
Freiheit durch seine Gesetzgebung verkennt und unter-
drückt.

Wie verhält es sich nun mit dem, im Gesetz ebenfalls nicht erwähnten Fall einer *separirten* Frau, aus
fremdem Lande?

In allen deutschen Rechten wird die separirte Frau
mit Bezug auf Handlungsfähigkeit der geschiedenen
Frau gleich gestellt. Sie ist nach keinem deutschen
Rechte unter Vormundschaft ihres früheren Ehemanns.
Dessen Macht über ihre Person hat mit der Separation
ganz aufgehört. Sie kann ihren Wohnsitz beliebig
nehmen, wo sie will, ohne dass er berechtigt ist, sie
daran zu hindern. Sie kann sich aus demselben Grunde
auch ohne dass der frühere Mann sie hindern kann,
naturalisiren lassen.

Wenn nun eine separirte Französin nach Deutschland kommt, sich in Deutschland niederlässt und bei
einer deutschen Landesregierung um Naturalisation, d. h.
Aufnahme in die deutsche Staatsangehörigkeit nachsucht,
so wird jede deutsche Regierung im Zweifel geneigt
sein, sie gleich einer geschiedenen Frau als dispositionsfähig anzusehen, und sich gar nicht veranlasst noch
verpflichtet fühlen, nachzuforschen, ob nicht das französische Recht in diesem Punkte eine abweichende Vor-
schrift enthalte. Eine deutsche Regierung kann sich,
ohne die völkerrechtlichen Rücksichten zu verletzen,
und ohne der Bestimmung des Reichsgesetzes zu widerstreiten, bei dem Gedanken beruhigen, dass sie lediglich die *natürliche,* in Deutschland *anerkannte Freiheit*
einer solchen Frau schütze, und dieselbe ebenso aufnehmen, wie einen der Klostersperre entgangenen fremden Mönch oder eine fremde Nonne. Da die deutsche

Gesetzes-Bestimmung des § 8. keinenfalls an separirte Frauen gedacht und dieselben nicht inbegriffen hat, so steht das Reichsgesetz einer solchen Naturalisation nicht im Wege. Mir sind besondere gesetzliche Vorschriften aus Sachsen-Altenburg über die Rechte separirter Ehefrauen nicht bekannt. Aber ich habe keinen Zweifel darüber, dass in Sachsen-Altenburg, wie in den Nachbarländern und wie überhaupt in ganz Deutschland jede separirte katholische Ehefrau gleich einer geschiedenen Frau als vollkommen befähigt angesehen wird, über ihre Person, ihren Wohnsitz und über den Austritt aus einem Staatsverband und den Uebertritt in einen anderen Staatsverband so weit frei zu verfügen, als das für eine Privatperson möglich ist. Die Deutschen sind davon überzeugt, dass mit der Separation der Ehe jede persönliche Gewalt und Macht des Mannes aufhören müsse und die Frau die natürliche Freiheit und Handlungsfähigkeit wieder gewinne, die nur um der Ehegemeinschaft willen während der vollwirksamen Ehe beschränkt worden sei. Wenn wirklich in diesem Punkte das französische Recht eine andere Meinung haben sollte, so wird diese Meinung in Deutschland überall als unnatürlich und unfrei betrachtet.

Von solchem Standpunkte aus und in solcher Gesinnung konnte die Regierung von Sachsen-Altenburg eine separirte Französin unbedenklich nach ihrem Wunsche als Deutsche naturalisiren. Ihre rechtliche Ueberzeugung richtig zu handeln fand überdem in der doppelten moralischen Erwägung noch eine Bestätigung; a) dass die Gräfin Caraman-Chimay eine geborene Belgierin * und als Belgierin erzogen war und dass

---

* Das belgische Recht, welches das ursprüngliche Heimatsrecht der Fürstin war, gestattet die Scheidung, welche das fran-

ihre französische Staatsangehörigkeit nur durch ihre
Ehe mit einem Franzosen entstanden war, b) dass

zösische Gesetz von 1816 verbietet. Obwohl die Fürstin nun in
Folge ihrer Heirat Französin geworden war, so hat sie doch
ihrem neuen Vaterlande auch während des Krieges von 1870/71
wichtige Dienste geleistet. Als vier Bewohner aus Menars, wo
die Fürstin ein Schloss besass, von den deutschen Truppen ge-
fangen genommen und nach Cöln zu kriegsgerichtlicher Behand-
lung abgeführt wurden, schrieb sie an den König Wilhelm fol-
genden Brief:

„Sire,

„Il me faut le désespoir dont je suis témoin pour trouver
dans mon coeur le courage de m'adresser directement à Votre
Majesté, pour que j'ose venir en suppliante vous demander la
grâce de quatre pauvres malheureux encore retenus dans les
prisons de Cologne.

. . . .

„Un seul de ces hommes fut coupable! coupable d'avoir
essayé de défendre son toit contre l'ennemi. Vous êtes homme,
Sire, vous êtes soldat; en temps de guerre, la défense est-elle
un crime? . . ."

„Pendant la durée de la guerre, l'ambulance du château de
Ménars fut ouverte à toutes les souffrances: la charité ne connaît
pas d'ennemis.

„J'ai soigné vos soldats, j'ai pansé vos blessés avec tout
mon coeur et tout mon dévouement. Aujourd'hui, Sire, je viens
réclamer mon salaire, je vous demande la grâce de mes pauvres
protégés."

Das Schreiben wirkte. Die gefangenen Franzosen wurden
begnadigt. Die Declamationen des Staatsanwalts über die un-
patriotische Haltung der Fürstin gegenüber dem französischen
Scheidungsverbot werden Niemanden überzeugen, dass eine Frau
aus lauter Respect vor einer Gesetzgebung, die sie für veraltet
und unfrei hält, ihr Leben durch dieselbe regieren lassen müsse,
auch wenn ihr der Weg offen stehe, unter dem Schutze einer
freieren und natürlicheren Gesetzgebung ihr Leben würdiger und
befriedigender einzurichten. Auch der Gemal der Fürstin, der
rumänische Fürst Bibesco, ist ein warmer und eifriger Freund
von Frankreich und hat ebenfalls der französischen Nation
dankenswerthe Dienste geleistet. Nur freilich für die Ehegesetz-
gebung von 1816 ist auch er nicht begeistert.

durch das Trennungsurtheil die Verschuldung des Ehemannes, und die Unschuld der Frau klar gestellt war
und daher die Annahme, der schuldige Mann könne
beliebig in einem anderen Lande die Naturalisation
nachsuchen, die unschuldige Frau aber werde durch
den schuldigen Mann in der Annahme einer andern
Nationalität gehindert, dem gesunden Rechtsgefühl und
dem gesunden Menschenverstand als geradezu wider-
sinnig erscheinen musste.

Trotzdem muss zugegeben werden, dass die Altenburger Regierung auch einer anderen, beschränkteren,
und bedenklicheren Auffassung des Falls hätte folgen
können. Es muss als möglich zugestanden werden,
dass sie sich für verpflichtet halten konnte, noch zu
fragen, ob auch nach französischem Rechte die separirte
Frau als dispositionsfähig zu betrachten sei.

Dieses Bedenken nöthigt uns, auch das französische
Recht in Erwägung zu ziehen.

Dass die separirte Frau nach französischem Rechte
im allgemeinen handlungsfähig und bezüglich der Ad-
ministration ihres Vermögens und ihres Erwerbes von
ihrem Manne unabhängig geworden sei, steht als Regel
fest, von der es jedoch einzelne Ausnahmen gibt. Die
französische Jurisprudenz ist auch darin übereinstimmend,
dass der separirten Frau die Wahl ihres Wohnsitzes
und Wohnortes, ohne Zustimmung des Mannes frei ge-
geben sei. Dagegen sind die Meinungen der französischen Juristen darüber getheilt, ob dieselbe ohne diese
Zustimmung ihre Staatsangehörigkeit ändern, sich naturalisiren lassen dürfe. In den französischen Gesetzen
ist der Fall nicht ausdrücklich vorgesehen. Die Mei-
nungsverschiedenheit stützt sich lediglich auf das juristische Raisonnement, welches aus anerkannten Principien Folgerungen ableitet.

Nach der einen Meinung ist der separirten Frau
die Naturalisation in fremdem Lande untersagt, wenn
nicht die Zustimmung des Mannes oder des Gerichts
hinzukommt. Diese Ansicht ist in dem Gutachten des
Professors *Labbé* vertheidigt. Sie stützt sich haupt-
sächlich:

a) darauf, dass die separirte Frau gesetzlich noch
   als *Ehefrau* betrachtet werde und dass die
   Rechte des Mannes nur bezüglich des Zusammen-
   wohnens und Zusammenlebens, so wie mit Bezug auf die Vermögensverwaltung aufgehoben
   worden, dass sie aber in anderen Beziehungen
   fortdauern;

b) auf die Autorität von *Aubry* und *Rau, Zachariae*
   und selbst *Laurent*, der zwar ein Gegner der
   Gesetzgebung von 1816 und ein Vertheidiger
   der Scheidung dennoch für das französische
   Recht jene Consequenz anerkenne;

c) die Praxis der Gerichte;

d) die Analogie der §§ 215 und 217 des Code
   civil, welche die separirte Frau nöthigen, für
   gerichtliche Acte die Autorisation des Mannes
   nachzusuchen.

Die andere Meinung, welche in dem Gutachten des
Professors *de Folleville* vertheidigt wird, behauptet im
Gegentheil, die separirte Französin habe das Recht, wie
ihren Wohnort, so auch den Staatsverband zu wählen,
in den sie eintreten will. Er beruft sich vornehmlich
auf folgende Gründe:

a) Nach älterem französischen Rechte konnte der
separirte aber unschuldige Ehegatte sich in ein Kloster
aufnehmen lassen ohne Autorisation des schuldigen
Theils. Dadurch erlitt die durch klösterliche Gelübde
gebundene Person den bürgerlichen Tod. Wenn schon

nach dem mittelalterlichen Rechte eine so viel ein-
schneidendere Disposition der separirten Frau gestattet
war, so wird man unbedenklich die geringer wirkende
Naturalisation ihr freigeben müssen.

b) Die separirte Französin darf auch im Ausland
einen Wohnsitz wählen. In manchen Rechten wird
schon durch den Wohnort die Naturalisation bedingt.
Geht sie in ein solches Land, folgt die Naturalisation
von selbst. Man wird daher bei dem Stillschweigen der
Gesetze auch eine unmittelbar auf Naturalisation ge-
richtete Auswanderung als erlaubt betrachten müssen.

c) Eine fortgesetzte Macht des separirten Mannes
über die Person der separirten Frau widerspsicht der
Natur der Separation.

d) Dem Manne ein Veto einräumen, würde die
separirte Frau seinen Launen und seinem Hasse Preis
geben und die Frau möglicher Weise hindern, für ihren
Lebensunterhalt und überhaupt für ihr Leben besser zu
sorgen.

e) Die französischen Gesetze und ebenso die Schriftsteller, welche die separirte Frau noch theilweise durch
das Erforderniss der ehemännlichen Autorisation beschränken, reden immer von gewissen vermögensrecht-
lichen Geschäften, nicht von der persönlich wirkenden
Naturalisation.

f) Die Annahme der Incapacität der separirten Frau
in dieser Hinsicht würde eine Reihe der unnatürlichsten
und ungereimtesten Folgen haben und insbesondere den
schuldigen Mann zum Schaden der unschuldigen Frau
in unsinniger Weise begünstigen.

De Folleville bezieht sich auf die Ausführung des
anerkannten Juristen *Blondeau*, der diese Frage näher
geprüft und ebenso entschieden hat.

Ich bin nicht genug Kenner des französischen

Rechts, um mit Sicherheit mich für die eine der beiden
Meinungen auszusprechen. Aber eben weil die Entscheidung der schwierigen Streitfrage für deutsche
Juristen unsicher ist, so kann man eine deutsche Regierung, selbst wenn sie auf französisches Recht möglichste
Rücksicht zu nehmen geneigt ist, nicht darüber tadeln,
dass sie im Zweifel nach der Meinung handelt, welche
der deutschen Rechtsansicht näher steht, welche den
Principien des natürlichen Rechtes besser entspricht,
und welche die persönliche Freiheit der separirten Frau
vollständiger achtet und schützt.

In beiden Fällen also, sowohl dann, wenn die Regierung von Sachsen-Altenburg sich lediglich um deutsches Recht zu kümmern brauchte, als wenn sie auch
das französische Recht zu berücksichtigen hätte, handelte
sie nicht widerrechtlich, indem sie einer separirten
Französin die deutsche Naturalisation verstattete.

Das Schlussergebniss dieser Untersuchung ist also:
Die Gräfin Caraman-Chimay war seit dem 3. Mai 1875
eine *naturalisirte Deutsche*.

6. Die Folgen der deutschen Naturalisation.

Die Naturalisation eines Ausländers macht denselben theilhaft des nationalen Rechts, welches in dem
naturalisirenden Staate gilt. So war auch die separirte
Princessin von Bauffremont, von dem Augenblick an,
als ein deutsches Land ihr die Staatsangehörigkeit
verliehen hatte, berechtigt, sich als *Landesangehörige*
des *Herzogthums Sachsen-Altenburg* und als *deutsche
Reichsangehörige* zu betrachten. Sie hatte einen Rechts-
anspruch auf den Schutz sowohl der herzoglichen
Landesbehörden als der deutschen Reichsbehörden in
ihrem erworbenen deutschen Rechte.

Da die französichen Behörden keine Competenz
hatten, über die Rechtsgültigkeit oder Ungültigkeit der
deutschen Naturalisation zu erkennen, und die allein
competenten deutschen Behörden die Naturalisation gewährt hatten, so musste die in Deutschland von der
Fürstin erworbene Naturalisation überall, auch in Frankreich, als eine wirkliche Aufnahme in die deutsche
Staatsangehörigkeit betrachtet werden.

Das Tribunal de la Seine (Urtheil vom 10. März
1876) scheint anzunehmen, die Naturalisation der Fürstin
sei *innerhalb des deutschen Reiches gültig*, aber *in dem
Bereiche des französischen Gebiets ungültig*. Diese Spal-
tung eines Rechtsactes und diese Art des Conflicts zweier
Rechte ist aber unmöglich. Das Völkerrecht erkennt
an, dass jeder Staat zur Naturalisation berechtigt sei
und ausschliesslich darüber entscheide. Daher kann es
einem fremden Staate nicht zukommen, auch nicht
dem Staate, dessen Staatsangehörigkeit der Naturalisirte
bisher besessen hatte, die einmal verliehene Naturalisation
als nicht vorhanden und nicht wirksam zu erklären.
Der Naturalisirte würde mit vollem Rechte den Schutz
seines neuen Vaterlandes anrufen, um die Gültigkeit
des Naturalisationsactes zu vertheidigen.

Dieser Satz ist eine nothwendige Folge der staatlichen Souveränität, welche gleichmässig und wechsel-
seitig alle Staaten für sich in Anspruch nehmen und
welche das Völkerrecht schützt.

Allerdings haben in einem früheren Processe die
französischen Gerichte, und selbst der Cassationshof durch
Urtheil vom 16. December 1845 die in der Schweiz
vollzogene Naturalisation eines Franzosen, der sich
wieder verheirathete als nicht vorhanden und unwirk-
sam erklärt. In wiefern darin eine Nichtachtung der
schweizerischen Souveränetät gefunden werden kann,

insofern ist dieses Urtheil völkerrechtlich nicht zu
vertheidigen. Indessen konnte in jenem Fall das
französische Gericht die Naturalisation eines Franzosen
in der Schweiz nicht ohne gute Gründe als *blossen
Schein,* und nicht als eine wirkliche Auswanderung betrachten, da jener Franzose fortwährend *in Frankreich
lebte,* nicht in der Schweiz.

So liegt aber unser Fall nicht. Die Princessin
Bauffremont hat Frankreich, das Land ihrer unseligen
Ehe, ernstlich verlassen und wohnt schon seit längerer
Zeit in Deutschland. Ihre Naturalisation hatte somit
Grund und Wirklichkeit.

Sobald man aber genöthigt ist, den *Erwerb* der
deutschen Naturalisation von Seiten der Fürstin anzuerkennen, so folgt ganz von selber nach Art. 17 des
Code civil der *Verlust* der französischen Nationalität
für die Fürstin und die Unanwendbarkeit der französischen Rechte auf ihre persönlichen Verhältnisse.

Die französischen Gerichte sind daher ebenso wenig
competent, über die Zulässigkeit oder Unzulässigkeit
einer zweiten Ehe der vormaligen Princessin Bauffremont
in Deutschland zu urtheilen, denn diese Ehe hat sie
nicht als Französin dem Verbote des französischen
Rechts zuwider, sondern als Deutsche, der Erlaubniss
des *deutschen* Rechts gemäss eingegangen. Als Deutsche
war sie nicht mehr verpflichtet die Gesetze eines Landes zu befolgen, das sie verlassen hatte, dem sie nicht
mehr angehörte.

Wohl sind die französischen Gerichte, auch nach
der Naturalisation der Princessin Bauffremont in Deutschland noch competent, über die Verhältnisse des Prinzen
Bauffremont, als eines Franzosen, zu urtheilen. Wenn
sie ihn als nach französischem Rechte fortwährend un-
fähig betrachten, sich wieder zu verheirathen, so wäre

zwar ein solches Urtheil für den Prinzen Bauffremont
sehr hart, aber er muss sich eine solche strenge Aus-
legung und Handhabung des französischen Rechts durch
die französischen Gerichte gefallen lassen, so lange er
Franzose bleibt.

Ebenso wenig ist eine strafrichterliche Verfolgung
der Fürstin Bibesco wegen Bigamie durch die französischen Gerichte zulässig; denn mit der Aufnahme
der separirten Fürstin Bauffremont in Deutschland hat
diese aufgehört eine Französin und an das französische
Recht gebunden zu sein. Die Ehe, die sie in Berlin
nach deutschem Rechte als Deutsche schloss, kann unmöglich ein in Frankreich verfolgbares strafbares Ver-
brechen sein, da in Deutschland von Deutschen ge-
schlossene Rechtsgeschäfte nur von deutschen, nicht
von fremden Gerichten zu beurtheilen sind. Auch nach
dieser Seite hin hat die Fürstin einen Anspruch auf
den Schutz des deutschen Reiches wider eine solche
Vergewaltigung durch einen fremden Staat.

Die völkerrechtliche Rücksicht auf das Recht und
die Competenz des deutschen Staats wird daher bei
näherer Erwägung die französischen Gerichte abhalten
müssen, irgend welche Verfolgung gegen die Fürstin
Bibesco einzuleiten und fortzusetzen, weil dieselbe un-
vermeidlich zu einem Conflicte mit der in Sachsen allein
competenten Macht führen müsste und von dieser wie
ein widerrechtlicher Angriff auf die Souveränetät auf-
gefasst werden könnte.

7. Der Personenstand im internationalen Recht.

Die Frage, nach welchem Rechte der Personenstand von Verlobten bei Eingehung einer Ehe und insbesondere die Frage, nach welchem Rechte die Fähig-

keit zur Wiederverheirathung zu beurtheilen sei, wird
bekanntlich sehr verschieden beantwortet.

Die früher gelegentlich noch vertheidigte Meinung.
dass wenn es sich um Wiederverheirathung handle, das
Recht des Ortes massgebend sei, an welchem die
Scheidung oder *Trennung* der früheren Ehe *gerichtlich
erkannt worden*, ist heute *allgemein aufgegeben*. Die
einmal geschiedene oder separirte Person bleibt nicht
ihr ganzes späteres Leben hindurch an die Gerichts-
barkeit des Landes und Orts gefesselt, welches einmal
über ein wichtiges Lebensverhältniss derselben Recht
gesprochen hat. Das Scheidungs- oder Separations-
urtheil erzeugt keinen dauernden Rechtsverband zwischen
dem Gericht, welches das Urtheil ausgesprochen hat,
und den geschiedenen oder getrennten Ehegatten. Wir
kennen keinen Gerichtsstand eines früheren Scheidungs-
oder Separationsurtheils.

Das Pariser Tribunal de la Seine hat somit über
die separirte Princessin Bauffremont keine Jurisdiction
mehr, aus dem Grunde seines früheren Separationsurtheils.

Es bestehen über unsere Frage gegenwärtig unter
den Rechtsgelehrten drei Meinungen:

1) Von Seite *amerikanischer* Schriftsteller über
internationales Recht und von nordamerikanischen Gerichten wird oft, nicht überall. die Meinung vertreten,
dass das Recht des *Orts* der *Eheschliessung*, entscheide.
Sie lassen nur Ausnahmen in solchen Fällen zu. wo
die Grundlagen des civilisirten Lebens dadurch gefährdet
werden könnten, wie dann, wenn Ehegatten sich in ein
Land begeben, welches die Polygamie zulässt oder
einen Incest billigt. Dagegen erklären sie die Wiederverheirathung geschiedener Ehegatten für erlaubt. wenn
sie am Ort der Eheschliessung erlaubt ist.

Story, Comment. on the conflict of Laws Boston
1857. §. 89.

Dudley - Field. Draft Outlines of an Intern.
Code. New - York 1872. §. 547.: „A
marriage, valid according to the law of
the place, where it is contracted, is valid
every-where."
Indessen nehmen auch die Amerikaner einige Rücksicht auf das *Domicil.* Vgl. Dudley-Field §. 553.
Story, §. 64 ff. . .
Der Amerikaner
Wharton, A treatise of the Conflict of Laws.
Philadelphia 1872. §. 95.
erklärt sich geradezu für das Recht des *Wohnorts* und
stimmt so mit der deutschen Jurisprudenz überein.

In Europa hat jene Meinung, obwohl sie mancher-
lei Zweifel und Conflicte leicht beseitigt, desshalb keine
Anerkennung gefunden, weil die wesentlichen persönlichen Eigenschaften, das was wir Personenstand nennen,
doch nicht von dem zufälligen Orte des vorübergehenden
Aufenthalts bestimmt und beherrscht werden darf, weil
der Mensch doch nicht seine Persönlichkeit wechselt,
so oft er vielleicht auf einer Reise durch ein anderes
Land hindurch geht. Die europäische Jurisprudenz
nimmt daher an, dass wohl die *Form* eines Rechts-
geschäfts, und daher auch die Eheschliessung durch das
Recht des Orts geordnet werde, wo das Geschäft ab-
geschlossen wird, nicht aber die *persönlichen* Lebens-
bedingungen der Verlobten durch ein so wechselndes
Moment bestimmt werden.

Würde übrigens in unserm Fall nach der amerika-
nischen Regel geurtheilt, so würde das preussische
Landrecht zur Anwendung kommen, welches in Berlin,
an dem Orte der Eheschliessung der separirten Prin-

3*

zessin Bauffremont mit dem Fürsten Bibesco in Wirksamkeit ist.

Die Sätze des preussischen Landrechts, Th. II. Tit. 1 lauten:

§ 736. „Wird unter katholischen Ehegatten auf eine beständige Separation von Tisch und Bette erkannt, so hat diese alle bürgerlichen Wirkungen einer gänzlichen Ehescheidung.

§ 735. Inwiefern aber ein geschiedener Ehegatte, nach den Grundsätzen seiner Religion, von dieser erfolgten Trennung der vorigen Ehe zur Vollziehung einer andern Gebrauch machen könne und dürfe, bleibt seinem Gewissen überlassen.“

2) und 3) In Europa, und theilweise auch in Amerika haben die beiden anderen Meinungen überwogen, welche die Frage des Personenstandes, statt von dem zufälligen und willkürlichen Aufenthaltsorte, von dem *dauernden* und *nothwendigen Rechtsverbande* abhängig machen, in welchem eine Person sich befindet. Die zweite Meinung hält sich dabei an den *Wohnort* (das Domicil) der Person, die dritte Meinung betrachtet den *nationalen* Verband als massgebend. Die eine Meinung sieht auf die dauernde *räumliche* Beziehung einer Person zu einem *Lande,* die sich in dem Wohnort offenbart, die andere auf die dauernde *persönliche* Verbindung einer Person mit einem *Volke* und *Staate.* Wir können die eine das *Territorialsystem,* die andere das *Nationalitätssystem* nennen. Die erstere stimmt eher zu den Ueberlieferungen aus dem Mittelalter. Die letztere sagt dem Geiste der modernen Rechtsbildung besser zu. Den heutigen Völkern leuchtet der Gedanke ein, dass die individuelle Person in ihren dauernden persönlichen Verhältnissen weniger durch eine örtliche Beziehung zum Boden als

durch den nationalen Verband mit der Volkspersönlichkeit d. h. durch die *Staatsangehörigkeit* bestimmt werde.

In diesem Punkte haben das französische Recht und die französische Rechtswissenschaft früher als das deutsche Gesetz und die deutsche Jurisprudenz sich für das nationale System erklärt.

Das territoriale System wird heute noch von vielen und bedeutenden deutschen Schriftstellern vertreten.

> Vgl. darüber von *Savigny*, System des römischen Rechts, Bd. VIII. §. 136.
>
> von *Bar*, das internat. Privatrecht. Hannover 1862. S. 327. ff.

Dasselbe ist auch in die deutsche Gesetzgebung übergegangen.

> Preuss. Landrecht. Einl. §. 27: „Die persönlichen Eigenschaften und Befugnisse eines Menschen werden nach den Gesetzen der Gerichtsbarkeit beurtheilt, unter welcher derselbe seinen eigentlichen Wohnsitz hat."
>
> *Oesterreichisches* Gesetz §. 34.

Dabei ist jedoch zu bemerken, dass in den älteren deutschen Rechten und unter den deutschen Juristen der Unterschied zwischen dem im Grunde *privatrechtlichen Wohnsitz* und der *staatsrechtlichen Nationalität* (Volksgenossenschaft, Staatsangehörigkeit) nicht immer deutlich hervortrat, man vielmehr geneigt war, wenn nicht besondere Hindernisse im Wege waren, aus dem Wohnorte auch auf Landes- und Staatsangehörigkeit zu schliessen.

Einzelne deutsche Juristen wie

> *Renaud*, deutsches Privatrecht I. S. 103.

haben sich schon früher für den Grundsatz der Nationalität erklärt. Die neueren Reichsgesetze über die

Staatsangehörigkeit neigen sich auch entschiedener der letzteren Rechtsauffassung zu. Sie darf heute in Ehesachen bereits als die vorherrschende betrachtet werden. Es ist ein Verdienst der *französischen* Gesetzgebung, das nationale Princip frühzeitig erkannt und verkündet zu haben.

Der Artikel 3 des Code civil spricht das Princip freilich nur für Franzosen aus, auch wenn sie im Auslande sich aufhalten.

> „Les lois concernant l'état et la capacité des personnes régissent les Français, même résidant en pays étranger."

Aber die französische Jurisprudenz und Praxis erkennen dasselbe Princip auch für Fremde an, die sich in Frankreich aufhalten:

> *Foelix*, traité du droit intern. 3 édit. par Demengeat. Paris 1856. I. S. 66 ff.

> *Laurent*, Principes de Droit Civil. Bruxelles 1869. I. S. 121 ff.

Sehr klar und allgemein ist das Nationalitätsprincip in dem

> Codice civile *Italiano* Art. 6

ausgesprochen.

Ebenso stimmt damit das

> *Zürcher* Gesetzbuch § 2 und 3

und theilweise, freilich nur einseitig für die Niederländer im Auslande, nicht ebenso für die Fremden in den Niederlanden das

> *Niederländische* Gesetzbuch § 6

überein.

Am gründlichsten hat in neuerer Zeit

> *Brocher* in der Revue de Droit intern. III. S. 432 f. und IV. S. 197 f.

die Frage geprüft und sich ebenfalls für den Grund-

satz der Nationalität erklärt. Er bemerkt, dass dieses
Princip vorzugsweise berufen sei. die Gesellschaft vor
der Auflösung in zerstreute individuelle Subjecte zu
bewahren und derselben einen Halt zu geben. Er
macht aufmerksam darauf, dass der Staat, welcher
seine Angehörigen auch im Auslande vor völkerrechts-
widriger Gewaltthat zu schützen habe, auch berechtigt
sei, den Zusammenhang dieser im Auslande wohnenden
Staatsangehörigen mit dem heimatlichen Staate als fort-
wirkend zu betrachten, und dass auch die fremden
Staaten verpflichtet seien, diese persönliche Zusammen-
gehörigkeit zu achten. Meistens kehren die Inländer
auch wieder aus dem Auslande zurück. Um so nöthiger
ist es, ihre Verhältnisse nach dem Volksrecht zu be-
messen, dem sie durch Geburt oder Naturalisation
angehören.

Mag man nun den *Wohnort* oder das Band der
Staatsangehörigkeit für entscheidend halten, in beiden
Fällen konnte die in Frankreich separirte in Deutschland naturalisirte Prinzessin Bauffremont *nicht mehr*
nach *französischem Rechte* beurtheilt werden.

Das französische Recht sieht überhaupt in dieser
Frage nur auf die *Nationalität*, nicht auf den Wohnort.
Die französische Nationalität hatte sie aber durch die
deutsche Naturalisation verloren. Für das französische
Recht war es daher gleichgültig, ob sie noch neben
dem deutschen Wohnort einen französischen Wohnort
(Schloss Menars) beibehielt oder nicht. Die französische
Nationalität konnte sie keinenfalls neben der deutschen
fortsetzen.

Die Frage hat daher nur in *Deutschland* für das
deutsche Recht ein Interesse, freilich auch nur ein ge-
ringes, da in unserm Falle Wohnort und Nationalität
insofern zusammentreffen, als die Fürstin die Sachsen-

Altenburgische Nationalität erworben hatte und gleich-
zeitig einen Wohnort in Altenburg besass. Sie hatte
überdem, wie sich aus der Eheschliessungsurkunde
ergibt, einen Wohnsitz in Berlin und hatte daher die
Wahl, ob sie in Altenburg oder vor dem Berliner
Standesbeamten die Ehe schliessen wolle. (Preuss. und
Reichsgesetz über Eheschliessung § 42.)

Der Berliner Standesbeamte, welcher die Eheschliessung am 24. October 1875 zu Protokoll nahm
und Kraft des Gesetzes bestätigte, hat den Vorschriften
des preussischen Rechts gemäss,

> vgl. *Lawrence*, Étude de législat. comparée sur
> le Mariage in der Revue de Droit intern.
> II. S. 260.

eine Bescheinigung von Seite der *heimatlichen* Behörde
der Fürstin verlangt, dass auch in Altenburg, dem sie
sowohl durch die Naturalisation als durch ihren Wohnsitz angehörte, *kein Ehehinderniss bekannt* sei. Darüber,
dass sie eine *separirte*, nicht eine formell geschiedene
Frau sei, war kein Zweifel. Sowohl die Behörde in
Altenburg als das Standesamt in Berlin waren davon
vollständig unterrichtet, wie die Urkunden beweisen.
Sie verlangten und erhielten vollständige Einsicht in die
Acten des Trennungsprozesses, der vor den Pariser
Gerichten durchgeführt worden war. Wenn der Marquis
de Sayve, bei der französischen Gesandtschaft in Berlin,
die Altenburger Behörde des Leichtsinns (légéreté) be-
schuldigt, mit dem sie gehandelt habe, und von Ver-
legenheiten berichtet, in welche die Beamten des herzoglichen Ministeriums gerathen seien, als Herr Tolhausen
eine Abschrift des Naturalisationsacts verlangte, so ist
dieser beleidigende Vorwurf ganz grundlos und fällt im
Gegentheil auf den zurück, der denselben ohne hin-

reichende Sachkenntniss in ein amtliches Actenstück aufgenommen hat. Der Berliner Standesbeamte studirte, bevor er zu der Eheschliessung mitwirkte,. den Fall während eines vollen Monats auf das gründlichste. Er liess sich die Urtheile der französischen Gerichte (Civiltribunal, Appellhof und Cassationshof) im Original und in deutscher Uebersetzung und als Beilage die ganze Prozessverhandlung mittheilen. Es kam also keine Täuschung der deutschen Behörden vor. Die Fürstin verheimlichte ihren Stand in keiner Hinsicht. Es wurde von allen Betheiligten offen und ehrlich, und in gutem Glauben an das geltende Recht gehandelt.

Zur Ausstellung des Zeugnisses, dass der Wiederverheirathung der getrennten Prinzessin Bauffremont in Altenburg kein Hinderniss entgegen stehe, war der Stadtrath in Altenburg als heimatliche Behörde ausschliesslich competent. Der Stadtrath bezeugte ausdrücklich und ohne Vorbehalt, dass ihm „keine bürgerliche Ehehindernisse bekannt" seien, welche einer Wiederverheirathung der Fürstin im Wege stehen. Es ist daraus mit Bestimmtheit zu schliessen, dass nach Sachsen-Altenburgischem wie nach Sachsen-Weimarischem Recht und nach preussischem Landrecht die dauernd separirte Frau auch mit Bezug auf Wiederverheirathung einer geschiedenen Frau gleich geachtet werde.

Es scheint, dass überhaupt in den sächsischen Herzogthümern diese Auffassung sei es gesetzlich sei es in der Praxis besteht. Es liegt mir ein Zeugniss ganz ähnlicher Art auch aus dem sächsischen Herzogthum Gotha vor. Am 16. December 1858 wurde in der Schlosskirche zu Gotha von dem Oberhofprediger Schweizer ebenfalls eine Ehe getraut, zwischen dem Grafen V. d. E. aus Schlesien mit der Gräfin A. von R., separirter Frau des Grafen R. d. P. aus Galizien, die sich in Gotha hatte naturalisiren lassen. Obwohl nach österreichischem wie nach französischem Rechte die separirten katholischen Ehegatten nicht wieder heirathen dürfen, so wurde diese zweite Ehe einer früheren Oesterreicherin, die in Oesterreich separirt worden war, von den österreichischen Behörden nicht angefochten. Dass sie in Deutschland gelte, wurde als selbstverständlich, und eben desshalb die Gültigkeit der deutschen Naturalisation und deutschen Eheschliessung als überall wirksam betrachtet.

Ganz in der nämlichen Lage, wie in dem letztern Falle die österreichischen Behörden waren, sind gegenwärtig in dem Falle der Ehe Bibesco die französischen Gerichte. Sie sind durch das *internationale Recht* verpflichtet, sich jeder Einmischung in eine Angelegenheit zu enthalten, für welche nicht das französische, sondern nur das deutsche Recht massgebend ist.

Der Berliner Standesbeamte konnte überdem, da die Fürstin auch in Berlin einen Wohnort erworben hatte (Potsdamerplatz 1) nach ihrem Wunsche auch das in Berlin geltende Preussische Landrecht anwenden, welches mit Rücksicht auf frühere im Ausland separirte Ehen von Katholiken fortwährend wirksam blieb, und ihr das Recht der Wiederverheirathung zusicherte. Berlinerrecht und Altenburgerrecht stimmten also überein und hinderten die Wiederverheirathung nicht.

Zum Schluss kann ich noch auf eine analoge Entscheidung in England verweisen. Obwohl England und Schottland zu demselben Staate gehören, so bestehen doch in beiden Ländern Eines Reiches über Ehe- und Scheidungsrecht zwei verschiedene Gesetzgebungen. Das englische Recht kennt zwar die Scheidung auch, aber sie erfordert in England eine Parlamentsacte und ist daher sehr schwer gemacht. In Schottland herrschen freiere Grundsätze und es wird die Scheidung leichter gestattet.

Es kam nun oft vor, dass sich englische Ehegatten, welche die Scheidung erwirken wollten und damit das Recht der Wiederverheirathung zu erlangen suchten, nach Schottland wendeten und von den schottischen Gerichten die Scheidung begehrten und erlangten. Darüber entstanden Conflicte zwischen den englischen und den schottischen Gerichten. Die englischen Gerichte erkannten schliesslich an, wenn Engländer *ihren Wohnsitz nach Schottland verlegen*, dass sie dann mit Recht nach schottischem Rechte die Scheidung und die Wiederverheirathung durchsetzen können. Nur für den Fall, dass sie ohne ihr Domicil in Schottland zu nehmen. lediglich nach Schottland reisen, um die Vortheile des schottischen Rechtes zu gewinnen, aber den englischen Gesetzen auszuweichen, behaupteten sie ihr Recht, eine solche Scheidung nicht anzuerkennen, und die in England wohnhaften Engländer nach englischem Rechte auch ferner zu beurtheilen. Die schottischen Gerichte beharrten sogar in diesem Fall auf ihrem Recht, eine Wiederverheirathung zu gestatten.

Vgl. darüber:

Schäffner, Entwicklung des intern. Privatr. Frankfurt 1841. S. 168.

Foelix, traité du droit intern. I. 66. 67.

Wharton, a treatise of the Conflict of Laws. Philadelphia § 95 ff.

v. Bar, Intern. Privatr. S. 329 und S. 331: „Die Fähigkeit zur Wiederverheirathung ist also auch dann anzuerkennen. wenn sie nur nach den Gesetzen des nach der Scheidung erworbenen Domicils, nicht auch nach den Gesetzen des Scheidungsortes besteht."

Erst nach Vollendung dieses Gutachtens ist mir das Gutachten des Professors *von Holtzendorff* zugekommen, das grossentheils mit dem meinigen übereinstimmt, in einigen Beziehungen aber abweicht.

Schlusssätze.

Das Ergebniss des Gutachtens lässt sich in folgende Sätze kurz zusammenfassen.

1. Die Naturalisation eines Ausländers, d. h. die Aufnahme desselben in einen neuen Staatsverband ist ein souveräner Act des naturalisirenden Staats, worüber dieser allein zu entscheiden hat.

2. Die Naturalisation der Gräfin Caraman-Chimay, einer gebornen Belgierin, in Folge ihrer Ehe mit Prinz Bauffremont gewordenen Französin, in dem deutschen Herzogthum Sachsen-Altenburg ist ein staatsrechtlicher Act einer deutschen Regierung, über dessen Gültigkeit ausschliesslich die deutschen Landes- und Reichsbehörden zu urtheilen competent sind.

3. Nach deutschem Recht ist die Rechtsgültigkeit dieses Actes, durch den die Gräfin eine Deutsche und eine Sachsen-Altenburgerin geworden ist, unzweifelhaft. Dieselbe hat demgemäss einen Anspruch auf Schutz in ihrem deutschen Recht durch die deutsche Staats- und Reichsgewalt.

4. Die Bedingungen, unter welchen ein deutscher Staat zur Naturalisation einer Französin berechtigt ist, sind sämmtlich erfüllt. Die in Frankreich von dem in der Naturalisationsfrage incompetenten Parisergericht erhobenen Zweifel über die Dispositionsfreiheit der gewesenen Prinzessin Bauffremont sind unbegründet und beruhen auf Missverständnissen des deutschen Rechts, welches die persönliche Freiheit einer separirten Frau, ihren Wohnort zu wühlen und auszuwandern anerkennt.

5. Jeder Staat ist völkerrechtlich competent, über den Verlust seiner Staatsangehörigkeit zu entscheiden. Darüber sind die französischen Gerichte competent.

Da der Code civil, um jeden Conflict mit fremden Staaten zu vermeiden, ausdrücklich vorschreibt, dass jeder Franzose, sobald er in einem fremden Lande naturalisirt worden, sein französisches Recht verliere, so hat die Gräfin in Folge ihrer deutschen Naturalisation ihre französische Nationalität verloren und kann nicht mehr nach französischem Rechte beurtheilt werden. Das französische Recht erkennt die Auswanderungsfreiheit der Franzosen an. Die Auswanderung in der Absicht, sich einem drückenden Rechte zu entziehen und ein für die Wohlfahrt des Auswandernden günstigeres Recht zu gewinnen, ist untadelhaft und erlaubt.

6. Zwischen der französischen Gesetzgebung und dem deutschen Recht besteht der Unterschied, dass jenes, sich an die Ansichten der katholischen Kirche anschliessend, keine Scheidung und keine Wiederverheirathung getrennter Ehegatten gestattet, dieses dagegen die Ehescheidung zulässt und die Wiederverheirathung erlaubt, im Interesse der persönlichen Freiheit und zur Befriedigung realer Lebensbedürfnisse.

7. Jeder Franzose muss sich gefallen lassen, nach

französischem Rechte behandelt zu werden. Ein Deutscher hat Anspruch auf die freiere und moderne Gestaltung des deutschen Eherechts.

8. Für die Wiederverheirathung der deutschen Gräfin, separirten Prinzessin Bauffremont mit dem Fürsten Bibesco, die in Berlin vollzogen wurde, ist nicht mehr das französische Recht, sondern das deutsche Recht entscheidend, da sie damals nicht mehr Französin, sondern Deutsche war.

9. Die französischen Gerichte sind competent, über die Statusverhältnisse des Prinzen Bauffremont zu urtheilen, als eines Franzosen, nicht aber über den Status der Fürstin, als einer Deutschen.

10. Die Meinung, dass das frühere Separationsgericht competent sei, über die Wiederverheirathung zu urtheilen, ist längst aufgegeben. Es gibt keinen Gerichtsstand des früheren Separationsgerichts.

Es bestehen heute im Völkerrecht drei Meinungen:

1) die amerikanische, dass das Recht des Actes der Eheschliessung massgebend sei.

2) die ältere deutsche, dass das Recht des Wohnorts für die Fähigkeit der Person, welche die Ehe schliesst, zur Anwendung komme,

3) die neuere deutsche und französische, dass das Recht der Nationalität entscheide.

Nach allen drei Meinungen sprechen für die Rechtsgültigkeit der zweiten Ehe der Prinzessin Bibesco entscheidende Gründe. In Berlin, dem Ort der Eheschliessung und einem Wohnort der Fürstin, wirkte das preussische Landrecht fort; in Altenburg, dessen Nationalität sie besass, und wo sie ebenfalls einen Wohnort hatte, stand ihrer Wiederverheirathung kein Hinderniss im Wege.

Actenstücke.

I. Auszug aus dem Separationsurtheil vom 7. April 1874.

Tribunal civil de la Seine (1re ch.).

Présidence de M. Hua.

Mme La princesse de Bauffremont contre M. Le prince de Bauffremont. — Demande en séparation de corps.

Le tribunal, vidant son délibéré, a rendu le jugement suivant:

— — — — — — — — — — — — — — — —

„Mais attendu que si en écartant de l'enquête les faits non prouvés, l'articulation des faits honteux et deshonorants imputés au prince apparaît comme imprudente et téméraire, l'ensemble des témoignages retenus comme établis fournit néanmoins à sa charge la preuve d'habitudes de libertinage et d'inconduite attestées par des faits répétés. incompatibles avec la dignité du mariage, inexcusables en toute situation et d'un caractère d'autant plus blessant et injurieux que le rang des époux est plus élevé;

„Par ces motifs,

„Déclare la princesse de Bauffremont séparée de corps d'avec son mari, fait défense à celui-ci de la troubler au domicile qu'elle adoptera;

„Attendu que la séparation de corps entraîne la séparation de biens, la déclare également séparée de biens;

„Sur la garde des enfants:

„Attendu que la séparation est prononcée à la requête de la princesse de Bauffremont lui confie la garde et la direction exclusive des deux enfants nées du mariage;

— — — — — — — — — — — — — — — —

„Condamne le prince de Bauffremont aux dépens.“

II. Naturalisations-Urkunde.

Das unterzeichnete Herzogliche Ministerium bescheinigt hierdurch, dass

, Frau Marie Henriette Valentine de Riquet, Gräfin von Caraman-Chimay, geschiedene Fürstin von Bauffremont, aus Menars

auf ihr Ansuchen und behufs ihrer Niederlassung in Altenburg die Sachsen-Altenburgische Staatsangehörigkeit erworben hat.

Diese Naturalisations-Urkunde begründet jedoch nur für die darin ausdrücklich genannte Person, mit dem Zeitpunkte der Aushändigung alle Rechte und Pflichten eines Sachsen-Altenburgischen Staatsangehörigen.

Altenburg, den 3. Mai 1875.

Herzoglich Sächsisches Ministerium.

Abtheilung des Innern.

(L. S.)   In Vertretung

Loman.

M. R. I. J. IV. No. 106. April 1875.

Dass vorstehende Abschrift mit dem mir vorgelegten Originale wörtlich übereinstimmt, wird hiermit attestirt.

Berlin, den 5 Februar 1876.

(L. S.)   Carl Friedrich Drews,

Justizrath, Notar im Bezirk des Königl.

Kammergerichts.

III. Heiraths-Urkunde.

Nr. 508.

Berlin, am vier und zwanzigsten October tausend acht hundert siebenzig und fünf Vormittags neun ein viertel Uhr.

Vor dem unterzeichneten Standesbeamten erschienen heute als Verlobte:

1. Seine Durchlaucht der Fürst *Georg Bibesco*, der Person nach durch den persönlich bekannten Königlichen Justizrath Rechtsanwalt und Notar Carl Friedrich Drews anerkannt, griechisch-katholischer Religion, ein und vierzig Jahre alt, geboren zu Bukarest (Walachei), wohnhaft zu

Paris, Boulevard de Latour-Maubourg Nr. 22, Sohn Seiner
Durchlaucht des zu Paris verstorbenen Fürsten Georg
Demetrius Bibesco, früher regierenden Fürsten der Walachei, und der Fürstin Zoë Brancovano, dessen Gemahlin,
wohnhaft zu Bukarest;

2. die Frau Marie Henriette Valentine *de Riquet*, Gräfin *de
Caraman - Chimay*, separirte Fürstin de Bauffremont, der
Person nach in gleicher Weise wie der Herr Verlobte an-
erkannt, römisch katholischer Religion, sechs und dreissig
Jahre alt, geboren zu Schloss Menars, Departement Loir
und Cher, Frankreich, wohnhaft zu Altenburg und zu
Berlin, Potsdamer-Platz Nr. 1, Tochter Seiner Durchlaucht
des Herrn Joseph de Riquet, Fürsten de Caraman-Chimay,
vormals Gesandter und bevollmächtigter Minister Seiner
Majestät des Königs der Belgier, auf Schloss Chimay,
Provinz Hennegau (Belgien) und der auf Schloss Menars
verstorbenen Dame Louise Marie Françoise Josephine de
Pellapra, seiner Gemahlin,
   sowie als Zeugen:

3. Seine Durchlaucht der Fürst Gregor Brancovano, der Person nach in gleicher Weise wie die Verlobten anerkannt,
sieben und vierzig Jahre alt, wohnhaft zu Paris, Boulevard
de Latour-Maubourg Nr. 22;

4. Der Königliche Generalmajor zur Disposition Friedrich
Carl von Wedell der Person nach in gleicher Weise wie
der Zeuge zu Nr. 3 anerkannt, ein und sechzig Jahre alt,
wohnhaft zu Dresden, Schillerstrasse Nr. 18.

Die Verlobten erklärten vor dem Standesbeamten und in
Gegenwart der Zeugen persönlich ihren Willen, die Ehe mit
einander eingehen zu wollen.

Vorgelesen, genehmigt und unterschrieben

>   gez. Marie Henriette Valentine de Riquet, Comtesse
>   de Caraman-Chimay.
>   gez. Fürst Georges Bibesco.
>   gez. Fürst Gregor de Brancovano.
>   gez. Friedrich Carl von Wedell.
>   gez. Carl Friedrich Drews.
>   Der Standesbeamte
>   gez. v. Erichsen.

Dass vorstehender Auszug mit dem Haupt-Heiraths-Register

4

des Königlich Preussischen Standesamtes Berlin Nr. III, Kreis
gleichlautend ist, wird hiermit bestätigt.

Berlin, am 24. October 1875.

Der Standesbeamte

(L S.)   gez. v. Erichsen.

Vorstehende Unterschrift des Standesbeamten 3. Bezirks
hierselbst, Herrn v. Erichsen, wird hierdurch beglaubigt.

Berlin, den 30. October 1875.

Magistrat hiesiger Königl. Haupt- und Residenzstadt

(L. S.)   gez. Hoben.

IV. Urtheil des Civilgerichts der Seine vom
10. März 1876.

Tribunal civil de la Seine (1re ch.)

Présidence de M. Aubépin

Audiences des 25 février 3 et 10 mars.

Demande en nullité de mariage et d'acte de naturalisation.
M. le prince de Bauffremont contre Mme la princesse Bauffremont.
(Voir la Gazette des Tribunaux des 26 février et 4 mars.)

Le Tribunal, vidant son délibéré, a rendu aujourd'hui le
jugement suivant:

„Le Tribunal,

„Sur la compétence:

„Attendu que la demande du prince de Bauffremont a pour
objet de faire déclarer nuls le mariage que la princesse de
Bauffremont a contracté avec le prince Georges Bibesco devant
l'officier de l'état civil de Berlin, à la date du 24 octobre 1875,
ensemble l'acte de naturalisation, du 3 mai précédent, qui lui a
conféré la nationalité de l'état de Saxe-Altenbourg;

„Qu'à l'appui de cette demande, le prince de Bauffremont
soutient que la défenderesse, bien que séparée de corps n'a pu,
sans l'autorisation maritale, abjiquer valablement la nationalité
française, qu'elle tenait de son mariage, et que dès lors l'union
contractée par elle le 24 octobre 1875, l'a été au mépris de
l'article 147 du code civil, qui interdit de convoler à de deuxièmes
noces tant que les premières subsistent;

„Attendu que pour statuer sur l'action ainsi introduite, le
Tribunal n'a pas à décider que les actes dont la nullité est

poursuivie, demeureront valables ou seront désormais sans effet dans l'étendue des territoires qui échapperaient à la souveraineté française, qu'il n'a même pas à examiner qu'elle peut être leur valeur intrinsèque au regard de la loi étrangère, sous l'empire de laquelle ils sont intervenus;

„Qu'il a seulement à rechercher et qu'il lui appartient de dire si les actes dont s'agit ont été ou non accomplis en violation de la loi française et pour faire échec à des droits qu'elle protège, et s'ils doivent ou non produire effet là où cette loi conserve toute sa puissance et s'impose au respect de tous;

„Au fond:

„Attendu que pendant le mariage la femme n'a pas capacité pour consentir, sans l'autorisation de son mari, des actes qui seraient de nature à engager son patrimoine;

„Qu'à plus forte raison, elle ne saurait, sans cette autorisation, modifier son être civil ou sa nationalité;

„Que sous ce dernier rapport, sa condition est fixée par la loi elle-même qui, dans le cas où elle est étrangère avant le mariage, lui attribue de plein droit la qualité de française;

„Que la loi, en déterminant aussi bien qu'en la soumettant au pouvoir marital pour les actes de la vie civile, a eu principalement en vue de maintenir l'autorité du mari, chef de la famille, en même temps que de l'association conjugale;

„Que dès lors la nécessité de l'autorisation maritale procède du mariage et qu'elle s'impose à la femme tant que le mariage n'est pas dissous;

„Attendu que la séparation de corps et de biens a pour effet de relâcher le lien conjugal sans le rompre; que maintenant le mariage, elle maintient le principe de l'autorité maritale, et qu'elle ne relève la femme de son incapacité que dans la mesure étroite que la loi détermine;

„Qu'en ce qui concerne plus spécialement les obligations personelles que le mariage lui impose, la femme demeure astreinte au devoir de fidelité dans les mêmes conditions et sous les mêmes sanctions;

„Que si le devoir de cohabitation ayant cessé, elle peut se choisir elle-même un domicile séparé, elle ne saurait exercer ce droit que tout autant qu'il ne porterait aucune atteinte à sa nationalité;

„Que spécialement, elle ne pourrait faire un établissement en pays étranger sans esprit de retour en dehors de l'autorisation maritale, et répudier ainsi la qualité de Française, suivant l'article 17 du Code civil;

„Attendu que de ce qui précède il résulte que la princesse de Bauffremont n'a pu valablement acquérir, à défaut de l'autorisation de son mari, la nationalité de l'État de Saxe-Altenbourg, et qu'elle était encore Française lors de son mariage, contracté par elle le 24 octobre 1875;

„Attendu que, sous un autre rapport, la défenderesse a sollicité et obtenu cette nationalité, non pas pour exercer les droits et accomplir les devoirs qui en découlaient, en établissant son domicile dans l'Etat de Saxe-Altenbourg, mais dans le seul but d'échapper aux prohibitions de la loi française, en contractant un second mariage, et d'aliéner sa nouvelle condition aussitôt qu'elle aurait acquise;

„Que l'acquisition d'une qualité qui tient à l'état des personnes, conséquemment à l'ordre public, lorsqu'elle a lieu dans ces conditions, ne saurait, même avec l'autorisation maritale, constituer l'exercice légitime d'une faculté conférée par la loi; qu'elle n'en serait que l'abus et qu'à ce titre, elle ne pourrait faire obstacle à l'action en nullité que l'article 184 du Code civil ouvre contre le deuxième mariage, qui en aurait été la suite;

„Qu'il appartiendrait toujours à la justice de réprimer des entreprises également contraires aux bonnes mœurs et à la loi;

„Par ces motifs,

„Se déclare compétent, et statuant au fond,

„Déclare nuls et de nul effet le mariage contracté par la princesse de Bauffremont devant l'officier de l'état civil de Berlin, le 24 octobre 1875, ensemble l'acte de naturalisation du 3 mai précédent, qui lui confère la nationalité de l'Etat de Saxe-Altenbourg;

„Fait défense à la princesse de Bauffremont de se qualifier à l'avenir de princesse de Bibesco;

„Donne acte au prince de Bauffremont de ses réserves aux fins de poursuites criminelles et correctionnelles, à raison des actes dont la nullité est prononcée;

„Et condamne la princesse de Bauffremont en tous les dépens.‘